DREAM

BELIEVE

CREATE

ACHIEVE

Dear friend,

Each of us wants to be realized and happy in a balanced and harmonious way in all spheres of life.

Life balance is possible if you know how to manage your present and future and time. When you choose to decide what to pay attention to, it becomes very simple to bring balance and fulfillment into your life.

A balanced life is an interesting, active life, built according to your own rules and is by no means a comfortable survival. To live with interest and enthusiasm, you need to develop and try new things. Be interested and involved in at least one or two activities every day that bring you joy.

The tool we use in the Power of Gratitude project that we want to share with you is this wonderful daily plan that will help you:

1. Set daily goals. Many people do not know how to manage their time; therefore, the path to their dream life is closed. The secret is that people should take responsibility, and consciously choose how their lives are going. The moment people take responsibility for their present, for the future, and for the choices of the past, then the road to a happy and balanced life opens up for them.

2. You will measure the level of happiness daily; emotions are the fuel for life. Choose to live intensely, do sports or yoga, hug your loved ones, always smile, practice meditation, and your vibration will increase considerably.

3. It is difficult to talk about the balance of life in the absence of financial abundance, so monitoring the inflow and outflow of money brings clarity in the relationship with money. You will always know where your money goes, and you will reduce unnecessary expenses.

4. At the end of the day, we recommend practicing gratitude, both for the positive aspects of your life, but also for the achievements of your loved ones. When your attention turns to the positive aspects, the Universe will want to send you as many reasons for gratitude—we guarantee you.

The habits that lead to success are simple and easy to understand, the most important habit being efficient time planning and management.

Date: / /

Daily plan

My goals:

_____
_____
_____
_____
_____
_____
_____

I am grateful for...

_____
_____
_____
_____
_____
_____

Happiness:

- ○ Sport
- ○ Smile
- ○ Kindliness
- ○ Hug
- ○ Meditation
- ○ Yoga

NEVER give UP

Money: ➕ ➖

- •_____ •_____
- •_____ •_____
- •_____ •_____
- •_____ •_____
- •_____ •_____
- •_____ •_____
- •_____ •_____

Date: / /

Daily plan

My goals:

_____
_____
_____
_____
_____
_____
_____
_____

I am grateful for...

_____
_____
_____
_____
_____
_____
_____
_____

Happiness:

○ Sport   ○ Hug

○ Smile   ○ Meditation

○ Kindliness   ○ Yoga

NEVER give UP

Money: ➕   ➖

- _____   • _____
- _____   • _____
- _____   • _____
- _____   • _____
- _____   • _____
- _____   • _____
- _____   • _____

Date: / /

Daily plan

My goals:

_____
_____
_____
_____
_____
_____
_____

I am grateful for...

_____
_____
_____
_____
_____
_____
_____

Happiness:

○ Sport   ○ Hug

○ Smile   ○ Meditation

○ Kindliness ○ Yoga

NEVER give UP

Money: ⊕   ⊖

- _____   • _____
- _____   • _____
- _____   • _____
- _____   • _____
- _____   • _____
- _____   • _____
- _____   • _____

Date: / /

Daily plan

My goals:

_____
_____
_____
_____
_____
_____
_____
_____

I am grateful for...

_____
_____
_____
_____
_____
_____
_____

Happiness:

○ Sport   ○ Hug

○ Smile   ○ Meditation

○ Kindliness   ○ Yoga

NEVER give UP

Money: ➕   ➖

- • _____   • _____
- • _____   • _____
- • _____   • _____
- • _____   • _____
- • _____   • _____
- • _____   • _____
- • _____   • _____

Date: / /

Daily plan

My goals:

_____
_____
_____
_____
_____
_____
_____

I am grateful for...

_____
_____
_____
_____
_____
_____
_____

Happiness:

○ Sport   ○ Hug

○ Smile   ○ Meditation

○ Kindliness ○ Yoga

NEVER give UP

Money: ⊕   ⊖

- • _____ • _____
- • _____ • _____
- • _____ • _____
- • _____ • _____
- • _____ • _____
- • _____ • _____
- • _____ • _____

Date: / /

Daily plan

My goals:

_____
_____
_____
_____
_____
_____
_____
_____

I am grateful for...

_____
_____
_____
_____
_____
_____
_____

Happiness:

○ Sport   ○ Hug

○ Smile   ○ Meditation

○ Kindliness   ○ Yoga

NEVER give UP

Money: ⊕   ⊖

- _____   • _____
- _____   • _____
- _____   • _____
- _____   • _____
- _____   • _____
- _____   • _____
- _____   • _____

Date: / /

Daily plan

My goals:

_____
_____
_____
_____
_____
_____
_____
_____

I am grateful for...

_____
_____
_____
_____
_____
_____
_____
_____

Happiness:

○ Sport   ○ Hug

○ Smile   ○ Meditation

○ Kindliness ○ Yoga

NEVER give UP

Money:

⊕	⊖
• _____	• _____
• _____	• _____
• _____	• _____
• _____	• _____
• _____	• _____
• _____	• _____
• _____	• _____

Date: / /

Daily plan

My goals:

_____
_____
_____
_____
_____
_____
_____

I am grateful for...

_____
_____
_____
_____
_____
_____

Happiness:

- ○ Sport
- ○ Smile
- ○ Kindliness
- ○ Hug
- ○ Meditation
- ○ Yoga

NEVER give UP

Money: ⊕ ⊖

- • _____ • _____
- • _____ • _____
- • _____ • _____
- • _____ • _____
- • _____ • _____
- • _____ • _____
- • _____ • _____

Date: / /

My goals:

I am grateful for...

_____
_____
_____
_____
_____
_____
_____

_____
_____
_____
_____
_____
_____
_____

Happiness:

○ Sport   ○ Hug

○ Smile   ○ Meditation

○ Kindliness   ○ Yoga

NEVER give UP

Money: ➕   ➖

• _____ • _____
• _____ • _____
• _____ • _____
• _____ • _____
• _____ • _____
• _____ • _____
• _____ • _____

Date: / /

Daily plan

My goals:

_____
_____
_____
_____
_____
_____
_____
_____

I am grateful for...

_____
_____
_____
_____
_____
_____
_____
_____

Happiness:

○ Sport   ○ Hug

○ Smile   ○ Meditation

○ Kindliness   ○ Yoga

NEVER give UP

Money: ⊕   ⊖

- _____   • _____
- _____   • _____
- _____   • _____
- _____   • _____
- _____   • _____
- _____   • _____
- _____   • _____

Date: / /

Daily plan

My goals:

_____
_____
_____
_____
_____
_____
_____

I am grateful for...

_____
_____
_____
_____
_____
_____
_____

Happiness:

○ Sport   ○ Hug

○ Smile   ○ Meditation

○ Kindliness   ○ Yoga

NEVER give UP

Money: ➕   ➖

- _____ - _____
- _____ - _____
- _____ - _____
- _____ - _____
- _____ - _____
- _____ - _____
- _____ - _____

Date: / /

Daily plan

My goals:

_____
_____
_____
_____
_____
_____
_____
_____

I am grateful for...

_____
_____
_____
_____
_____
_____
_____

Happiness:

○ Sport   ○ Hug

○ Smile   ○ Meditation

○ Kindliness   ○ Yoga

NEVER give UP

Money: ➕   ➖

- _____   • _____
- _____   • _____
- _____   • _____
- _____   • _____
- _____   • _____
- _____   • _____
- _____   • _____

Date: / /

Daily plan

My goals:

_____
_____
_____
_____
_____
_____
_____
_____

I am grateful for...

_____
_____
_____
_____
_____
_____
_____
_____

Happiness:

○ Sport   ○ Hug

○ Smile   ○ Meditation

○ Kindliness   ○ Yoga

NEVER give UP

Money: ➕   ➖

- • _____   • _____
- • _____   • _____
- • _____   • _____
- • _____   • _____
- • _____   • _____
- • _____   • _____
- • _____   • _____

Date: / /

Daily plan

My goals:

_____

_____

_____

_____

_____

_____

_____

I am grateful for...

_____

_____

_____

_____

_____

_____

_____

Happiness:

○ Sport   ○ Hug

○ Smile   ○ Meditation

○ Kindliness   ○ Yoga

NEVER give UP

Money: ⊕   ⊖

- •
- •
- •
- •
- •
- •
- •

- •
- •
- •
- •
- •
- •
- •

Date: / /

Daily plan

My goals:

_____
_____
_____
_____
_____
_____
_____

I am grateful for...

_____
_____
_____
_____
_____
_____

Happiness:

- ○ Sport
- ○ Smile
- ○ Kindliness
- ○ Hug
- ○ Meditation
- ○ Yoga

NEVER give UP

Money: ➕ ➖

- • _____ • _____
- • _____ • _____
- • _____ • _____
- • _____ • _____
- • _____ • _____
- • _____ • _____
- • _____ • _____

Date: / /

Daily plan

My goals:

_____
_____
_____
_____
_____
_____
_____

I am grateful for...

_____
_____
_____
_____
_____
_____
_____

Happiness:

○ Sport ○ Hug

○ Smile ○ Meditation

○ Kindliness ○ Yoga

NEVER give UP

Money: ➕ ➖

- _____
- _____
- _____
- _____
- _____
- _____
- _____

Date: / /

Daily plan

My goals:

_____
_____
_____
_____
_____
_____
_____

I am grateful for...

_____
_____
_____
_____
_____
_____

Happiness:

○ Sport   ○ Hug

○ Smile   ○ Meditation

○ Kindliness ○ Yoga

NEVER give UP

Money:

➕	➖
• _____	• _____
• _____	• _____
• _____	• _____
• _____	• _____
• _____	• _____
• _____	• _____
• _____	• _____

Date: / /

Daily plan

My goals:

_____
_____
_____
_____
_____
_____
_____

I am grateful for...

_____
_____
_____
_____
_____
_____

Happiness:

○ Sport   ○ Hug

○ Smile   ○ Meditation

○ Kindliness   ○ Yoga

NEVER give UP

Money: ⊕   ⊖

- • _____ • _____
- • _____ • _____
- • _____ • _____
- • _____ • _____
- • _____ • _____
- • _____ • _____
- • _____ • _____

Date: / /

Daily plan

My goals:

_____
_____
_____
_____
_____
_____
_____
_____

I am grateful for...

_____
_____
_____
_____
_____
_____
_____

Happiness:

○ Sport   ○ Hug

○ Smile   ○ Meditation

○ Kindliness ○ Yoga

NEVER give UP

Money: ⊕   ⊖

- •_____ •_____
- •_____ •_____
- •_____ •_____
- •_____ •_____
- •_____ •_____
- •_____ •_____
- •_____ •_____

Date: / /

Daily plan

My goals:

_____
_____
_____
_____
_____
_____
_____

I am grateful for...

_____
_____
_____
_____
_____
_____
_____

Happiness:

○ Sport   ○ Hug
○ Smile   ○ Meditation
○ Kindliness   ○ Yoga

NEVER give UP

Money:

➕	➖
• _____	• _____
• _____	• _____
• _____	• _____
• _____	• _____
• _____	• _____
• _____	• _____
• _____	• _____

Date: / /

Daily plan

My goals:

_____
_____
_____
_____
_____
_____
_____
_____

I am grateful for...

_____
_____
_____
_____
_____
_____
_____
_____

Happiness:

- ○ Sport
- ○ Smile
- ○ Kindliness
- ○ Hug
- ○ Meditation
- ○ Yoga

NEVER give UP

Money: ● +   ● −

- • _____ • _____
- • _____ • _____
- • _____ • _____
- • _____ • _____
- • _____ • _____
- • _____ • _____
- • _____ • _____

Date: / /

Daily plan

My goals:

_____
_____
_____
_____
_____
_____
_____
_____

I am grateful for...

_____
_____
_____
_____
_____
_____
_____
_____

Happiness:

○ Sport ○ Hug

○ Smile ○ Meditation

○ Kindliness ○ Yoga

NEVER give UP

Money: ➕ ➖

- _____ - _____
- _____ - _____
- _____ - _____
- _____ - _____
- _____ - _____
- _____ - _____
- _____ - _____

Date: / /

Daily plan

My goals:

_____
_____
_____
_____
_____
_____
_____
_____

I am grateful for...

_____
_____
_____
_____
_____
_____
_____
_____

Happiness:

○ Sport ○ Hug

○ Smile ○ Meditation

○ Kindliness ○ Yoga

NEVER give UP

Money: ➕ ➖

- • _____ • _____
- • _____ • _____
- • _____ • _____
- • _____ • _____
- • _____ • _____
- • _____ • _____
- • _____ • _____

Date: / /

Daily plan

My goals:

_____
_____
_____
_____
_____
_____
_____
_____

I am grateful for...

_____
_____
_____
_____
_____
_____
_____

Happiness:

○ Sport   ○ Hug

○ Smile   ○ Meditation

○ Kindliness ○ Yoga

NEVER give UP

Money:

⊕   ⊖

● _____   ● _____
● _____   ● _____
● _____   ● _____
● _____   ● _____
● _____   ● _____
● _____   ● _____
● _____   ● _____

Date: / /

Daily plan

My goals:

_____
_____
_____
_____
_____
_____
_____

I am grateful for...

_____
_____
_____
_____
_____
_____
_____

Happiness:

○ Sport   ○ Hug

○ Smile   ○ Meditation

○ Kindliness   ○ Yoga

NEVER give UP

Money: ➕   ➖

- _____
- _____
- _____
- _____
- _____
- _____
- _____

Date: / /

Daily plan

My goals:

_____
_____
_____
_____
_____
_____
_____
_____

I am grateful for...

_____
_____
_____
_____
_____
_____
_____

Happiness:

○ Sport   ○ Hug

○ Smile   ○ Meditation

○ Kindliness   ○ Yoga

NEVER give UP

Money: ●＋   ●－

- • _____   • _____
- • _____   • _____
- • _____   • _____
- • _____   • _____
- • _____   • _____
- • _____   • _____
- • _____   • _____

Date: / /

Daily plan

My goals:

_____
_____
_____
_____
_____
_____
_____
_____

I am grateful for...

_____
_____
_____
_____
_____
_____
_____

Happiness:

○ Sport   ○ Hug
○ Smile   ○ Meditation
○ Kindliness ○ Yoga

NEVER give UP

Money: ➕   ➖

• _____ • _____
• _____ • _____
• _____ • _____
• _____ • _____
• _____ • _____
• _____ • _____
• _____ • _____

Date: / /

Daily plan

My goals:

_____
_____
_____
_____
_____
_____
_____
_____

I am grateful for...

_____
_____
_____
_____
_____
_____
_____

Happiness:

○ Sport   ○ Hug

○ Smile   ○ Meditation

○ Kindliness   ○ Yoga

NEVER give UP

Money: ⊕   ⊖

• _____ • _____
• _____ • _____
• _____ • _____
• _____ • _____
• _____ • _____
• _____ • _____
• _____ • _____

Date: / /

Daily plan

My goals:

_____
_____
_____
_____
_____
_____
_____
_____

I am grateful for...

_____
_____
_____
_____
_____
_____
_____
_____

Happiness:

○ Sport   ○ Hug

○ Smile   ○ Meditation

○ Kindliness ○ Yoga

NEVER give UP

Money: ➕   ➖

- _____ - _____
- _____ - _____
- _____ - _____
- _____ - _____
- _____ - _____
- _____ - _____
- _____ - _____

Date: / /

Daily plan

My goals:

_____
_____
_____
_____
_____
_____
_____

I am grateful for...

_____
_____
_____
_____
_____
_____
_____

Happiness:

○ Sport   ○ Hug
○ Smile   ○ Meditation
○ Kindliness ○ Yoga

NEVER give UP

Money: ➕   ➖

- _____
- _____
- _____
- _____
- _____
- _____
- _____

Date: / /

Daily plan

My goals:

_____
_____
_____
_____
_____
_____
_____
_____

I am grateful for...

_____
_____
_____
_____
_____
_____
_____
_____

Happiness:

- ○ Sport
- ○ Smile
- ○ Kindliness
- ○ Hug
- ○ Meditation
- ○ Yoga

NEVER give UP

Money:

⊕	⊖
• _____	• _____
• _____	• _____
• _____	• _____
• _____	• _____
• _____	• _____
• _____	• _____
• _____	• _____

Date: / /

Daily plan

My goals:

_____
_____
_____
_____
_____
_____
_____
_____

I am grateful for...

_____
_____
_____
_____
_____
_____
_____
_____

Happiness:

○ Sport   ○ Hug

○ Smile   ○ Meditation

○ Kindliness   ○ Yoga

NEVER give UP

Money: ➕   ➖

• _____   • _____
• _____   • _____
• _____   • _____
• _____   • _____
• _____   • _____
• _____   • _____
• _____   • _____

Date: / /

Daily plan

My goals:

_____
_____
_____
_____
_____
_____
_____
_____

I am grateful for...

_____
_____
_____
_____
_____
_____
_____

Happiness:

○ Sport   ○ Hug

○ Smile   ○ Meditation

○ Kindliness   ○ Yoga

NEVER give UP

Money: ⊕   ⊖

- • _____   • _____
- • _____   • _____
- • _____   • _____
- • _____   • _____
- • _____   • _____
- • _____   • _____
- • _____   • _____

Date: / /

Daily plan

My goals:

_____
_____
_____
_____
_____
_____
_____
_____

I am grateful for...

_____
_____
_____
_____
_____
_____
_____
_____

Happiness:

○ Sport   ○ Hug

○ Smile   ○ Meditation

○ Kindliness   ○ Yoga

NEVER give UP

Money: ⊕   ⊖

- • _____ • _____
- • _____ • _____
- • _____ • _____
- • _____ • _____
- • _____ • _____
- • _____ • _____
- • _____ • _____

Date: / /

Daily plan

My goals:

_____
_____
_____
_____
_____
_____
_____
_____

I am grateful for...

_____
_____
_____
_____
_____
_____
_____
_____

Happiness:

○ Sport   ○ Hug

○ Smile   ○ Meditation

○ Kindliness   ○ Yoga

NEVER give UP

Money: ➕ ➖

- _____   • _____
- _____   • _____
- _____   • _____
- _____   • _____
- _____   • _____
- _____   • _____
- _____   • _____

Date: / /

Daily plan

My goals:

_____
_____
_____
_____
_____
_____
_____
_____

I am grateful for...

_____
_____
_____
_____
_____
_____
_____

Happiness:

○ Sport   ○ Hug

○ Smile   ○ Meditation

○ Kindliness   ○ Yoga

NEVER give UP

Money: ➕   ➖

- • _____   • _____
- • _____   • _____
- • _____   • _____
- • _____   • _____
- • _____   • _____
- • _____   • _____
- • _____   • _____

Date: / /

Daily plan

My goals:

_____
_____
_____
_____
_____
_____
_____

I am grateful for...

_____
_____
_____
_____
_____
_____
_____

Happiness:

- ○ Sport
- ○ Smile
- ○ Kindliness
- ○ Hug
- ○ Meditation
- ○ Yoga

NEVER give UP

Money:

➕	➖
•	•
•	•
•	•
•	•
•	•
•	•
•	•

Date: / /

Daily plan

My goals:

_____
_____
_____
_____
_____
_____
_____

I am grateful for...

_____
_____
_____
_____
_____
_____
_____

Happiness:

○ Sport   ○ Hug

○ Smile   ○ Meditation

○ Kindliness   ○ Yoga

NEVER give UP

Money:

➕	➖
•	•
•	•
•	•
•	•
•	•
•	•
•	•

Date: / /

Daily plan

My goals:

_____
_____
_____
_____
_____
_____
_____
_____

I am grateful for...

_____
_____
_____
_____
_____
_____
_____

Happiness:

○ Sport   ○ Hug

○ Smile   ○ Meditation

○ Kindliness   ○ Yoga

NEVER give UP

Money: ⊕   ⊖

- • _____ • _____
- • _____ • _____
- • _____ • _____
- • _____ • _____
- • _____ • _____
- • _____ • _____
- • _____ • _____

Date: / /

Daily plan

My goals:

_____
_____
_____
_____
_____
_____
_____

I am grateful for...

_____
_____
_____
_____
_____
_____
_____

Happiness:

○ Sport   ○ Hug

○ Smile   ○ Meditation

○ Kindliness   ○ Yoga

NEVER give UP

Money: ⊕   ⊖

- _____
- _____
- _____
- _____
- _____
- _____
- _____

Date: / /

Daily plan

My goals:

_____
_____
_____
_____
_____
_____
_____
_____

I am grateful for...

_____
_____
_____
_____
_____
_____
_____
_____

Happiness:

○ Sport　　○ Hug

○ Smile　　○ Meditation

○ Kindliness　○ Yoga

NEVER give UP

Money: ⊕　　　⊖

- •　_____　•　_____
- •　_____　•　_____
- •　_____　•　_____
- •　_____　•　_____
- •　_____　•　_____
- •　_____　•　_____
- •　_____　•　_____

Date: / /

Daily plan

My goals:

_____
_____
_____
_____
_____
_____
_____

I am grateful for...

_____
_____
_____
_____
_____
_____
_____

Happiness:

○ Sport ○ Hug

○ Smile ○ Meditation

○ Kindliness ○ Yoga

NEVER give UP

Money: ⊕ ⊖

- _____ • _____
- _____ • _____
- _____ • _____
- _____ • _____
- _____ • _____
- _____ • _____
- _____ • _____

Date: / /

Daily plan

My goals:

_____
_____
_____
_____
_____
_____
_____
_____

I am grateful for...

_____
_____
_____
_____
_____
_____
_____

Happiness:

○ Sport   ○ Hug

○ Smile   ○ Meditation

○ Kindliness ○ Yoga

NEVER give UP

Money: ⊕   ⊖

- _____
- _____
- _____
- _____
- _____
- _____
- _____

Date: / /

Daily plan

My goals:

_____
_____
_____
_____
_____
_____
_____
_____

I am grateful for...

_____
_____
_____
_____
_____
_____
_____
_____

Happiness:

○ Sport   ○ Hug

○ Smile   ○ Meditation

○ Kindliness   ○ Yoga

NEVER give UP

Money: ⊕   ⊖

- • _____ • _____
- • _____ • _____
- • _____ • _____
- • _____ • _____
- • _____ • _____
- • _____ • _____
- • _____ • _____

Date: / /

Daily plan

My goals:

_____
_____
_____
_____
_____
_____
_____

I am grateful for...

_____
_____
_____
_____
_____
_____
_____

Happiness:

- ○ Sport
- ○ Smile
- ○ Kindliness
- ○ Hug
- ○ Meditation
- ○ Yoga

NEVER give UP

Money: ⊕   ⊖

- • _____   • _____
- • _____   • _____
- • _____   • _____
- • _____   • _____
- • _____   • _____
- • _____   • _____
- • _____   • _____

Date: / /

Daily plan

My goals:

_____
_____
_____
_____
_____
_____
_____
_____

I am grateful for...

_____
_____
_____
_____
_____
_____
_____

Happiness:

○ Sport   ○ Hug

○ Smile   ○ Meditation

○ Kindliness   ○ Yoga

NEVER give UP

Money: ➕   ➖

- •
- •
- •
- •
- •
- •
- •

Date: / /

Daily plan

My goals:

_____
_____
_____
_____
_____
_____
_____

I am grateful for...

_____
_____
_____
_____
_____
_____
_____

Happiness:

○ Sport   ○ Hug
○ Smile   ○ Meditation
○ Kindliness   ○ Yoga

NEVER give UP

Money: ⊕   ⊖

- _____   - _____
- _____   - _____
- _____   - _____
- _____   - _____
- _____   - _____
- _____   - _____
- _____   - _____

Date: / /

Daily plan

My goals:

_____
_____
_____
_____
_____
_____
_____
_____

I am grateful for...

_____
_____
_____
_____
_____
_____
_____
_____

Happiness:

○ Sport   ○ Hug

○ Smile   ○ Meditation

○ Kindliness   ○ Yoga

NEVER give UP

Money: ➕   ➖

• _____ • _____
• _____ • _____
• _____ • _____
• _____ • _____
• _____ • _____
• _____ • _____
• _____ • _____

Date: / /

Daily plan

My goals:

_____
_____
_____
_____
_____
_____
_____
_____

I am grateful for...

_____
_____
_____
_____
_____
_____
_____

Happiness:

○ Sport   ○ Hug

○ Smile   ○ Meditation

○ Kindliness   ○ Yoga

NEVER give UP

Money: ➕   ➖

• _____ • _____
• _____ • _____
• _____ • _____
• _____ • _____
• _____ • _____
• _____ • _____
• _____ • _____

Date: / /

Daily plan

My goals:

_____
_____
_____
_____
_____
_____
_____
_____

I am grateful for...

_____
_____
_____
_____
_____
_____
_____

Happiness:

○ Sport   ○ Hug

○ Smile   ○ Meditation

○ Kindliness   ○ Yoga

NEVER give UP

Money: ⊕   ⊖

+	−
•	•
•	•
•	•
•	•
•	•
•	•
•	•

Date: / /

Daily plan

My goals:

_____
_____
_____
_____
_____
_____
_____

I am grateful for...

_____
_____
_____
_____
_____
_____
_____

Happiness:

○ Sport   ○ Hug
○ Smile   ○ Meditation
○ Kindliness   ○ Yoga

NEVER give UP

Money: ⊕   ⊖

• _____   • _____
• _____   • _____
• _____   • _____
• _____   • _____
• _____   • _____
• _____   • _____
• _____   • _____

Date: / /

Daily plan

My goals:

_____
_____
_____
_____
_____
_____
_____
_____

I am grateful for...

_____
_____
_____
_____
_____
_____
_____

Happiness:

○ Sport   ○ Hug

○ Smile   ○ Meditation

○ Kindliness   ○ Yoga

NEVER give UP

Money: ⊕   ⊖

• _____ • _____
• _____ • _____
• _____ • _____
• _____ • _____
• _____ • _____
• _____ • _____
• _____ • _____

Date: / /

Daily plan

My goals:

_____
_____
_____
_____
_____
_____
_____

I am grateful for...

_____
_____
_____
_____
_____
_____
_____

Happiness:

○ Sport   ○ Hug
○ Smile   ○ Meditation
○ Kindliness ○ Yoga

NEVER give UP

Money: ⊕   ⊖

- _____ • _____
- _____ • _____
- _____ • _____
- _____ • _____
- _____ • _____
- _____ • _____
- _____ • _____

Date: / /

Daily plan

My goals:

_____
_____
_____
_____
_____
_____
_____
_____

I am grateful for...

_____
_____
_____
_____
_____
_____
_____

Happiness:

○ Sport   ○ Hug

○ Smile   ○ Meditation

○ Kindliness   ○ Yoga

NEVER give UP

Money: ⊕   ⊖

- _____
- _____
- _____
- _____
- _____
- _____
- _____

Date: / /

Daily plan

My goals:

_____
_____
_____
_____
_____
_____
_____
_____

I am grateful for...

_____
_____
_____
_____
_____
_____
_____
_____

Happiness:

○ Sport ○ Hug

○ Smile ○ Meditation

○ Kindliness ○ Yoga

NEVER give UP

Money: ⊕ ⊖

- • _____ • _____
- • _____ • _____
- • _____ • _____
- • _____ • _____
- • _____ • _____
- • _____ • _____
- • _____ • _____

Date: / /

Daily plan

My goals:

_____
_____
_____
_____
_____
_____
_____
_____

I am grateful for...

_____
_____
_____
_____
_____
_____
_____
_____

Happiness:

○ Sport   ○ Hug

○ Smile   ○ Meditation

○ Kindliness   ○ Yoga

NEVER give UP

Money: ⊕   ⊖

• _____   • _____
• _____   • _____
• _____   • _____
• _____   • _____
• _____   • _____
• _____   • _____
• _____   • _____

Date: / /

Daily plan

My goals:

_____
_____
_____
_____
_____
_____
_____
_____

I am grateful for...

_____
_____
_____
_____
_____
_____
_____
_____

Happiness:

○ Sport   ○ Hug
○ Smile   ○ Meditation
○ Kindliness ○ Yoga

NEVER give UP

Money: ➕   ➖

- _____   • _____
- _____   • _____
- _____   • _____
- _____   • _____
- _____   • _____
- _____   • _____
- _____   • _____

Date: / /

Daily plan

My goals:

_____
_____
_____
_____
_____
_____
_____

I am grateful for...

_____
_____
_____
_____
_____
_____
_____

Happiness:

○ Sport   ○ Hug

○ Smile   ○ Meditation

○ Kindliness   ○ Yoga

NEVER give UP

Money: ⊕   ⊖

• _____   • _____
• _____   • _____
• _____   • _____
• _____   • _____
• _____   • _____
• _____   • _____
• _____   • _____

Date: / /

Daily plan

My goals:

_____
_____
_____
_____
_____
_____
_____
_____
_____

I am grateful for...

_____
_____
_____
_____
_____
_____
_____
_____

Happiness:

○ Sport   ○ Hug

○ Smile   ○ Meditation

○ Kindliness ○ Yoga

NEVER give UP

Money: ➕   ➖

- _____   • _____
- _____   • _____
- _____   • _____
- _____   • _____
- _____   • _____
- _____   • _____
- _____   • _____

Date: / /

Daily plan

My goals:

_____
_____
_____
_____
_____
_____
_____
_____

I am grateful for...

_____
_____
_____
_____
_____
_____
_____
_____

Happiness:

○ Sport ○ Hug

○ Smile ○ Meditation

○ Kindliness ○ Yoga

NEVER give UP

Money: ➕ ➖

- • _____ • _____
- • _____ • _____
- • _____ • _____
- • _____ • _____
- • _____ • _____
- • _____ • _____
- • _____ • _____

Date: / /

Daily plan

My goals:

_____
_____
_____
_____
_____
_____
_____

I am grateful for...

_____
_____
_____
_____
_____
_____
_____

Happiness:

○ Sport   ○ Hug

○ Smile   ○ Meditation

○ Kindliness   ○ Yoga

NEVER give UP

Money: ⊕   ⊖

• _____ • _____
• _____ • _____
• _____ • _____
• _____ • _____
• _____ • _____
• _____ • _____
• _____ • _____

Date: / /

Daily plan

My goals:

_____
_____
_____
_____
_____
_____
_____

I am grateful for...

_____
_____
_____
_____
_____
_____
_____

Happiness:

○ Sport   ○ Hug
○ Smile   ○ Meditation
○ Kindliness   ○ Yoga

NEVER give UP

Money: ➕   ➖

• _____ • _____
• _____ • _____
• _____ • _____
• _____ • _____
• _____ • _____
• _____ • _____
• _____ • _____

Date: / /

Daily plan

My goals:

_____
_____
_____
_____
_____
_____
_____

I am grateful for...

_____
_____
_____
_____
_____
_____
_____

Happiness:

○ Sport   ○ Hug

○ Smile   ○ Meditation

○ Kindliness   ○ Yoga

NEVER give UP

Money: ➕   ➖

- _____   • _____
- _____   • _____
- _____   • _____
- _____   • _____
- _____   • _____
- _____   • _____
- _____   • _____

Date: / /

Daily plan

My goals:

_____
_____
_____
_____
_____
_____
_____
_____

I am grateful for...

_____
_____
_____
_____
_____
_____
_____
_____

Happiness:

○ Sport   ○ Hug
○ Smile   ○ Meditation
○ Kindliness ○ Yoga

NEVER give UP

Money: ➕   ➖

• _____   • _____
• _____   • _____
• _____   • _____
• _____   • _____
• _____   • _____
• _____   • _____
• _____   • _____

Date: / /

Daily plan

My goals:

_____
_____
_____
_____
_____
_____
_____

I am grateful for...

_____
_____
_____
_____
_____
_____
_____

Happiness:

○ Sport   ○ Hug

○ Smile   ○ Meditation

○ Kindliness ○ Yoga

NEVER give UP

Money: ➕   ➖

- _____   • _____
- _____   • _____
- _____   • _____
- _____   • _____
- _____   • _____
- _____   • _____
- _____   • _____

Date: / /

Daily plan

My goals:

_____
_____
_____
_____
_____
_____
_____
_____

I am grateful for...

_____
_____
_____
_____
_____
_____
_____
_____

Happiness:

- ○ Sport
- ○ Smile
- ○ Kindliness
- ○ Hug
- ○ Meditation
- ○ Yoga

NEVER give UP

Money: ➕ ➖

- • _____ • _____
- • _____ • _____
- • _____ • _____
- • _____ • _____
- • _____ • _____
- • _____ • _____
- • _____ • _____

Date: / /

Daily plan

My goals:

_____
_____
_____
_____
_____
_____
_____

I am grateful for...

_____
_____
_____
_____
_____
_____
_____

Happiness:

○ Sport   ○ Hug
○ Smile   ○ Meditation
○ Kindliness ○ Yoga

NEVER give UP

Money: ⊕   ⊖

- •_____•_____
- •_____•_____
- •_____•_____
- •_____•_____
- •_____•_____
- •_____•_____
- •_____•_____

Date: / /

Daily plan

My goals:

_____
_____
_____
_____
_____
_____
_____

I am grateful for...

_____
_____
_____
_____
_____
_____

Happiness:

○ Sport   ○ Hug

○ Smile   ○ Meditation

○ Kindliness   ○ Yoga

NEVER give UP

Money: ➕   ➖

- _____ • _____
- _____ • _____
- _____ • _____
- _____ • _____
- _____ • _____
- _____ • _____
- _____ • _____

Date: / /

Daily plan

My goals:

_____
_____
_____
_____
_____
_____
_____
_____

I am grateful for...

_____
_____
_____
_____
_____
_____
_____
_____

Happiness:

○ Sport   ○ Hug
○ Smile   ○ Meditation
○ Kindliness ○ Yoga

NEVER give UP

Money: ⊕ ⊖

- _____ • _____
- _____ • _____
- _____ • _____
- _____ • _____
- _____ • _____
- _____ • _____
- _____ • _____

Date: / /

Daily plan

My goals:

_____
_____
_____
_____
_____
_____
_____
_____

I am grateful for...

_____
_____
_____
_____
_____
_____
_____
_____

Happiness:

○ Sport   ○ Hug

○ Smile   ○ Meditation

○ Kindliness   ○ Yoga

NEVER give UP

Money: ⊕   ⊖

- _____   - _____
- _____   - _____
- _____   - _____
- _____   - _____
- _____   - _____
- _____   - _____
- _____   - _____

Date: / /

Daily plan

My goals:

_____
_____
_____
_____
_____
_____
_____

I am grateful for...

_____
_____
_____
_____
_____
_____
_____

Happiness:

○ Sport   ○ Hug

○ Smile   ○ Meditation

○ Kindliness   ○ Yoga

NEVER give UP

Money:

+	−
• _____	• _____
• _____	• _____
• _____	• _____
• _____	• _____
• _____	• _____
• _____	• _____
• _____	• _____

Date: / /

Daily plan

My goals:

_____
_____
_____
_____
_____
_____
_____
_____

I am grateful for...

_____
_____
_____
_____
_____
_____
_____

Happiness:

○ Sport ○ Hug

○ Smile ○ Meditation

○ Kindliness ○ Yoga

NEVER give UP

Money: ➕ ➖

- _____ - _____
- _____ - _____
- _____ - _____
- _____ - _____
- _____ - _____
- _____ - _____
- _____ - _____

Date: / /

Daily plan

My goals:

_____
_____
_____
_____
_____
_____
_____
_____

I am grateful for...

_____
_____
_____
_____
_____
_____
_____

Happiness:

○ Sport ○ Hug

○ Smile ○ Meditation

○ Kindliness ○ Yoga

NEVER give UP

Money: ⊕ ⊖

- _____ • _____
- _____ • _____
- _____ • _____
- _____ • _____
- _____ • _____
- _____ • _____
- _____ • _____

Date: / /

Daily plan

My goals:

_____
_____
_____
_____
_____
_____
_____
_____

I am grateful for...

_____
_____
_____
_____
_____
_____
_____
_____

Happiness:

○ Sport ○ Hug
○ Smile ○ Meditation
○ Kindliness ○ Yoga

NEVER give UP

Money: ➕ ➖

- _____
- _____
- _____
- _____
- _____
- _____
- _____

Date: / /

Daily plan

My goals:

_____

_____

_____

_____

_____

_____

_____

_____

I am grateful for...

_____

_____

_____

_____

_____

_____

_____

_____

Happiness:

○ Sport   ○ Hug

○ Smile   ○ Meditation

○ Kindliness ○ Yoga

NEVER give UP

Money: ⊕   ⊖

Date: / /

Daily plan

My goals:

_____
_____
_____
_____
_____
_____
_____

I am grateful for...

_____
_____
_____
_____
_____
_____
_____

Happiness:

○ Sport   ○ Hug

○ Smile   ○ Meditation

○ Kindliness ○ Yoga

NEVER give UP

Money: ➕   ➖

• _____   • _____
• _____   • _____
• _____   • _____
• _____   • _____
• _____   • _____
• _____   • _____
• _____   • _____

Date: / /

Daily plan

My goals:

_____
_____
_____
_____
_____
_____
_____
_____

I am grateful for...

_____
_____
_____
_____
_____
_____
_____

Happiness:

- ○ Sport
- ○ Smile
- ○ Kindliness
- ○ Hug
- ○ Meditation
- ○ Yoga

NEVER give UP

Money: ⊕   ⊖

- • _____   • _____
- • _____   • _____
- • _____   • _____
- • _____   • _____
- • _____   • _____
- • _____   • _____
- • _____   • _____

Date: / /

Daily plan

My goals:

_____
_____
_____
_____
_____
_____
_____

I am grateful for...

_____
_____
_____
_____
_____
_____
_____

Happiness:

○ Sport   ○ Hug

○ Smile   ○ Meditation

○ Kindliness   ○ Yoga

NEVER give UP

Money: ⊕   ⊖

- • _____ • _____
- • _____ • _____
- • _____ • _____
- • _____ • _____
- • _____ • _____
- • _____ • _____
- • _____ • _____

Date: / /

Daily plan

My goals:

_____
_____
_____
_____
_____
_____
_____
_____

I am grateful for...

_____
_____
_____
_____
_____
_____
_____

Happiness:

- ○ Sport
- ○ Smile
- ○ Kindliness
- ○ Hug
- ○ Meditation
- ○ Yoga

NEVER give UP

Money: ➕ ➖

- •
- •
- •
- •
- •
- •
- •

Date: / /

Daily plan

My goals:

_____
_____
_____
_____
_____
_____
_____
_____

I am grateful for...

_____
_____
_____
_____
_____
_____
_____

Happiness:

○ Sport   ○ Hug

○ Smile   ○ Meditation

○ Kindliness ○ Yoga

NEVER give UP

Money: ➕   ➖

- • _____ • _____
- • _____ • _____
- • _____ • _____
- • _____ • _____
- • _____ • _____
- • _____ • _____
- • _____ • _____

Date: / /

Daily plan

My goals:

_____
_____
_____
_____
_____
_____
_____
_____

I am grateful for...

_____
_____
_____
_____
_____
_____
_____

Happiness:

- ○ Sport
- ○ Smile
- ○ Kindliness
- ○ Hug
- ○ Meditation
- ○ Yoga

NEVER give UP

Money: ➕ ➖

- • _____ • _____
- • _____ • _____
- • _____ • _____
- • _____ • _____
- • _____ • _____
- • _____ • _____
- • _____ • _____

Date: / /

Daily plan

My goals:

_____
_____
_____
_____
_____
_____
_____
_____

I am grateful for...

_____
_____
_____
_____
_____
_____
_____

Happiness:

○ Sport   ○ Hug

○ Smile   ○ Meditation

○ Kindliness ○ Yoga

NEVER give UP

Money: ⊕   ⊖

- _____ • _____
- _____ • _____
- _____ • _____
- _____ • _____
- _____ • _____
- _____ • _____
- _____ • _____

Date: / /

Daily plan

My goals:

_____
_____
_____
_____
_____
_____
_____

I am grateful for...

_____
_____
_____
_____
_____
_____
_____

Happiness:

○ Sport   ○ Hug
○ Smile   ○ Meditation
○ Kindliness   ○ Yoga

NEVER give UP

Money: ⊕ ⊖

- • _____   • _____
- • _____   • _____
- • _____   • _____
- • _____   • _____
- • _____   • _____
- • _____   • _____
- • _____   • _____

Date: / /

Daily plan

My goals:

_____
_____
_____
_____
_____
_____
_____
_____

I am grateful for...

_____
_____
_____
_____
_____
_____
_____
_____

Happiness:

○ Sport   ○ Hug
○ Smile   ○ Meditation
○ Kindliness ○ Yoga

NEVER give UP

Money: ➕   ➖

• _____   • _____
• _____   • _____
• _____   • _____
• _____   • _____
• _____   • _____
• _____   • _____
• _____   • _____

Date: / /

Daily plan

My goals:

_____
_____
_____
_____
_____
_____
_____

I am grateful for...

_____
_____
_____
_____
_____
_____
_____

Happiness:

○ Sport   ○ Hug

○ Smile   ○ Meditation

○ Kindliness   ○ Yoga

NEVER give UP

Money: ⊕   ⊖

- • _____   • _____
- • _____   • _____
- • _____   • _____
- • _____   • _____
- • _____   • _____
- • _____   • _____
- • _____   • _____

Date: / /

Daily plan

My goals:

_____
_____
_____
_____
_____
_____
_____

I am grateful for...

_____
_____
_____
_____
_____
_____
_____

Happiness:

○ Sport   ○ Hug

○ Smile   ○ Meditation

○ Kindliness   ○ Yoga

NEVER give UP

Money: ⊕   ⊖

- • _____   • _____
- • _____   • _____
- • _____   • _____
- • _____   • _____
- • _____   • _____
- • _____   • _____
- • _____   • _____

Date: / /

Daily plan

My goals:

_____
_____
_____
_____
_____
_____
_____

I am grateful for...

_____
_____
_____
_____
_____
_____

Happiness:

○ Sport   ○ Hug

○ Smile   ○ Meditation

○ Kindliness   ○ Yoga

NEVER give UP

Money: ➕   ➖

- • _____ • _____
- • _____ • _____
- • _____ • _____
- • _____ • _____
- • _____ • _____
- • _____ • _____
- • _____ • _____

Date: / /

Daily plan

My goals:

_____
_____
_____
_____
_____
_____
_____
_____

I am grateful for...

_____
_____
_____
_____
_____
_____
_____
_____

Happiness:

○ Sport   ○ Hug

○ Smile   ○ Meditation

○ Kindliness   ○ Yoga

NEVER give UP

Money: ➕   ➖

• _____   • _____
• _____   • _____
• _____   • _____
• _____   • _____
• _____   • _____
• _____   • _____
• _____   • _____

Date: / /

Daily plan

My goals:

_____
_____
_____
_____
_____
_____
_____

I am grateful for...

_____
_____
_____
_____
_____
_____
_____

Happiness:

○ Sport   ○ Hug

○ Smile   ○ Meditation

○ Kindliness ○ Yoga

NEVER give UP

Money: ⊕   ⊖

- • _____ • _____
- • _____ • _____
- • _____ • _____
- • _____ • _____
- • _____ • _____
- • _____ • _____
- • _____ • _____

Date: / /

Daily plan

My goals:

_____
_____
_____
_____
_____
_____
_____
_____

I am grateful for...

_____
_____
_____
_____
_____
_____
_____

Happiness:

○ Sport   ○ Hug

○ Smile   ○ Meditation

○ Kindliness   ○ Yoga

NEVER give UP

Money: ➕   ➖

- _____   • _____
- _____   • _____
- _____   • _____
- _____   • _____
- _____   • _____
- _____   • _____
- _____   • _____

Date: / /

Daily plan

My goals:

_____
_____
_____
_____
_____
_____
_____

I am grateful for...

_____
_____
_____
_____
_____
_____
_____

Happiness:

○ Sport   ○ Hug

○ Smile   ○ Meditation

○ Kindliness   ○ Yoga

NEVER give UP

Money: ⊕   ⊖

- •_____   •_____
- •_____   •_____
- •_____   •_____
- •_____   •_____
- •_____   •_____
- •_____   •_____
- •_____   •_____

Date: / /

Daily plan

My goals:

_____
_____
_____
_____
_____
_____
_____

I am grateful for...

_____
_____
_____
_____
_____
_____
_____

Happiness:

○ Sport   ○ Hug
○ Smile   ○ Meditation
○ Kindliness ○ Yoga

NEVER give UP

Money: ➕   ➖

- _____ - _____
- _____ - _____
- _____ - _____
- _____ - _____
- _____ - _____
- _____ - _____
- _____ - _____

Date: / /

Daily plan

My goals:

_____
_____
_____
_____
_____
_____
_____
_____

I am grateful for...

_____
_____
_____
_____
_____
_____
_____
_____

Happiness:

○ Sport   ○ Hug

○ Smile   ○ Meditation

○ Kindliness ○ Yoga

NEVER give UP

Money: ➕   ➖

• _____   • _____
• _____   • _____
• _____   • _____
• _____   • _____
• _____   • _____
• _____   • _____
• _____   • _____

Date: / /

Daily plan

My goals:

_____
_____
_____
_____
_____
_____
_____
_____

I am grateful for...

_____
_____
_____
_____
_____
_____
_____
_____

Happiness:

- ○ Sport
- ○ Smile
- ○ Kindliness
- ○ Hug
- ○ Meditation
- ○ Yoga

NEVER give UP

Money: ➕ ➖

- •_____ •_____
- •_____ •_____
- •_____ •_____
- •_____ •_____
- •_____ •_____
- •_____ •_____
- •_____ •_____

Date: / /

Daily plan

My goals:

_____
_____
_____
_____
_____
_____
_____
_____

I am grateful for...

_____
_____
_____
_____
_____
_____
_____
_____

Happiness:

○ Sport   ○ Hug

○ Smile   ○ Meditation

○ Kindliness   ○ Yoga

NEVER give UP

Money: ⊕   ⊖

- _____ • _____
- _____ • _____
- _____ • _____
- _____ • _____
- _____ • _____
- _____ • _____
- _____ • _____

Date: / /

Daily plan

My goals:

_____
_____
_____
_____
_____
_____
_____
_____

I am grateful for...

_____
_____
_____
_____
_____
_____
_____
_____

Happiness:

○ Sport   ○ Hug

○ Smile   ○ Meditation

○ Kindliness   ○ Yoga

NEVER give UP

Money: ➕   ➖

- _____   • _____
- _____   • _____
- _____   • _____
- _____   • _____
- _____   • _____
- _____   • _____
- _____   • _____

Date: / /

Daily plan

My goals:

_____

_____

_____

_____

_____

_____

_____

I am grateful for...

_____

_____

_____

_____

_____

_____

_____

Happiness:

○ Sport   ○ Hug

○ Smile   ○ Meditation

○ Kindliness   ○ Yoga

NEVER give UP

Money: ➕   ➖

• _____ • _____

• _____ • _____

• _____ • _____

• _____ • _____

• _____ • _____

• _____ • _____

• _____ • _____

Date: / /

Daily plan

My goals:

_____
_____
_____
_____
_____
_____
_____

I am grateful for...

_____
_____
_____
_____
_____
_____
_____

Happiness:

○ Sport   ○ Hug

○ Smile   ○ Meditation

○ Kindliness   ○ Yoga

NEVER give UP

Money: ➕   ➖

- _____   - _____
- _____   - _____
- _____   - _____
- _____   - _____
- _____   - _____
- _____   - _____
- _____   - _____

Date: / /

Daily plan

My goals:

_____
_____
_____
_____
_____
_____
_____
_____

I am grateful for...

_____
_____
_____
_____
_____
_____
_____
_____

Happiness:

○ Sport ○ Hug

○ Smile ○ Meditation

○ Kindliness ○ Yoga

NEVER give UP

Money: ➕ ➖

- _____ • _____
- _____ • _____
- _____ • _____
- _____ • _____
- _____ • _____
- _____ • _____
- _____ • _____

Date: / /

Daily plan

My goals:

_____
_____
_____
_____
_____
_____
_____
_____

I am grateful for...

_____
_____
_____
_____
_____
_____
_____
_____

Happiness:

○ Sport   ○ Hug

○ Smile   ○ Meditation

○ Kindliness ○ Yoga

NEVER give UP

Money: ⊕   ⊖

- _____ • _____
- _____ • _____
- _____ • _____
- _____ • _____
- _____ • _____
- _____ • _____
- _____ • _____

Date: / /

Daily plan

My goals:

_____
_____
_____
_____
_____
_____
_____

I am grateful for...

_____
_____
_____
_____
_____
_____
_____

Happiness:

○ Sport   ○ Hug

○ Smile   ○ Meditation

○ Kindliness   ○ Yoga

NEVER give UP

Money: ➕ ➖

- _____
- _____
- _____
- _____
- _____
- _____
- _____

Date: / /

Daily plan

My goals:

_____
_____
_____
_____
_____
_____
_____
_____

I am grateful for...

_____
_____
_____
_____
_____
_____
_____
_____

Happiness:

○ Sport   ○ Hug

○ Smile   ○ Meditation

○ Kindliness   ○ Yoga

NEVER give UP

Money: ➕ ➖

• _____ • _____
• _____ • _____
• _____ • _____
• _____ • _____
• _____ • _____
• _____ • _____
• _____ • _____

Date: / /

Daily plan

My goals:

_____
_____
_____
_____
_____
_____
_____

I am grateful for...

_____
_____
_____
_____
_____
_____

Happiness:

○ Sport   ○ Hug

○ Smile   ○ Meditation

○ Kindliness   ○ Yoga

NEVER give UP

Money: ➕   ➖

- • _____ • _____
- • _____ • _____
- • _____ • _____
- • _____ • _____
- • _____ • _____
- • _____ • _____
- • _____ • _____

Date: / /

Daily plan

My goals:

_____
_____
_____
_____
_____
_____
_____
_____

I am grateful for...

_____
_____
_____
_____
_____
_____
_____
_____

Happiness:

○ Sport   ○ Hug
○ Smile   ○ Meditation
○ Kindliness   ○ Yoga

NEVER give UP

Money: ⊕   ⊖

- ●_____ ●_____
- ●_____ ●_____
- ●_____ ●_____
- ●_____ ●_____
- ●_____ ●_____
- ●_____ ●_____
- ●_____ ●_____

Date: / /

Daily plan

My goals:

_____
_____
_____
_____
_____
_____
_____

I am grateful for...

_____
_____
_____
_____
_____
_____
_____

Happiness:

○ Sport   ○ Hug

○ Smile   ○ Meditation

○ Kindliness   ○ Yoga

NEVER give UP

Money: ➕   ➖

• _____   • _____
• _____   • _____
• _____   • _____
• _____   • _____
• _____   • _____
• _____   • _____
• _____   • _____

Date: / /

Daily plan

My goals:

_____
_____
_____
_____
_____
_____
_____

I am grateful for...

_____
_____
_____
_____
_____
_____
_____

Happiness:

○ Sport   ○ Hug
○ Smile   ○ Meditation
○ Kindliness   ○ Yoga

NEVER give UP

Money: ⊕   ⊖

- • _____ • _____
- • _____ • _____
- • _____ • _____
- • _____ • _____
- • _____ • _____
- • _____ • _____
- • _____ • _____

Date: / /

Daily plan

My goals:

_____
_____
_____
_____
_____
_____
_____
_____

I am grateful for...

_____
_____
_____
_____
_____
_____
_____

Happiness:

○ Sport   ○ Hug

○ Smile   ○ Meditation

○ Kindliness   ○ Yoga

NEVER give UP

Money: ⊕   ⊖

- _____   • _____
- _____   • _____
- _____   • _____
- _____   • _____
- _____   • _____
- _____   • _____
- _____   • _____

Date: / /

Daily plan

My goals:

_____
_____
_____
_____
_____
_____
_____
_____

I am grateful for...

_____
_____
_____
_____
_____
_____
_____
_____

Happiness:

○ Sport   ○ Hug

○ Smile   ○ Meditation

○ Kindliness ○ Yoga

NEVER give UP

Money: ➕   ➖

- _____ • _____
- _____ • _____
- _____ • _____
- _____ • _____
- _____ • _____
- _____ • _____
- _____ • _____

Date: / /

Daily plan

My goals:

_____
_____
_____
_____
_____
_____
_____

I am grateful for...

_____
_____
_____
_____
_____

Happiness:

○ Sport   ○ Hug

○ Smile   ○ Meditation

○ Kindliness   ○ Yoga

NEVER give UP

Money: ⊕   ⊖

- _____   • _____
- _____   • _____
- _____   • _____
- _____   • _____
- _____   • _____
- _____   • _____
- _____   • _____

Date: / /

Daily plan

My goals:

_____
_____
_____
_____
_____
_____
_____

I am grateful for...

_____
_____
_____
_____
_____
_____
_____

Happiness:

○ Sport   ○ Hug

○ Smile   ○ Meditation

○ Kindliness ○ Yoga

NEVER give UP

Money: ⊕   ⊖

- •
- •
- •
- •
- •
- •
- •

Date: / /

Daily plan

My goals:

_____
_____
_____
_____
_____
_____
_____
_____

I am grateful for...

_____
_____
_____
_____
_____
_____
_____
_____

Happiness:

○ Sport ○ Hug

○ Smile ○ Meditation

○ Kindliness ○ Yoga

NEVER give UP

Money: ⊕ ⊖

- • _____ • _____
- • _____ • _____
- • _____ • _____
- • _____ • _____
- • _____ • _____
- • _____ • _____
- • _____ • _____

Date: / /

Daily plan

My goals:

_____
_____
_____
_____
_____
_____
_____
_____

I am grateful for...

_____
_____
_____
_____
_____
_____
_____

Happiness:

○ Sport   ○ Hug

○ Smile   ○ Meditation

○ Kindliness   ○ Yoga

NEVER give UP

Money: ➕   ➖

- • _____ • _____
- • _____ • _____
- • _____ • _____
- • _____ • _____
- • _____ • _____
- • _____ • _____
- • _____ • _____

Date: / /

Daily plan

My goals:

_____
_____
_____
_____
_____
_____
_____
_____

I am grateful for...

_____
_____
_____
_____
_____
_____
_____
_____

Happiness:

- ○ Sport
- ○ Smile
- ○ Kindliness
- ○ Hug
- ○ Meditation
- ○ Yoga

NEVER give UP

Money: ➕ ➖

- •_____ •_____
- •_____ •_____
- •_____ •_____
- •_____ •_____
- •_____ •_____
- •_____ •_____
- •_____ •_____

Date: / /

Daily plan

My goals:

_____
_____
_____
_____
_____
_____
_____
_____

I am grateful for...

_____
_____
_____
_____
_____
_____
_____
_____

Happiness:

○ Sport   ○ Hug

○ Smile   ○ Meditation

○ Kindliness   ○ Yoga

NEVER give UP

Money: ⊕   ⊖

- • _____ • _____
- • _____ • _____
- • _____ • _____
- • _____ • _____
- • _____ • _____
- • _____ • _____
- • _____ • _____

Date: / /

Daily plan

My goals:

_____
_____
_____
_____
_____
_____
_____
_____

I am grateful for...

_____
_____
_____
_____
_____
_____
_____

Happiness:

- ○ Sport
- ○ Smile
- ○ Kindliness
- ○ Hug
- ○ Meditation
- ○ Yoga

NEVER give UP

Money:

⊕	⊖
•	•
•	•
•	•
•	•
•	•
•	•
•	•

Date: / /

Daily plan

My goals:

_____
_____
_____
_____
_____
_____
_____

I am grateful for...

_____
_____
_____
_____
_____
_____
_____

Happiness:

○ Sport   ○ Hug

○ Smile   ○ Meditation

○ Kindliness   ○ Yoga

NEVER give UP

Money: ⊕   ⊖

• _____   • _____
• _____   • _____
• _____   • _____
• _____   • _____
• _____   • _____
• _____   • _____
• _____   • _____

Date: / /

Daily plan

My goals:

_____
_____
_____
_____
_____
_____
_____
_____

I am grateful for...

_____
_____
_____
_____
_____
_____
_____
_____

Happiness:

○ Sport   ○ Hug

○ Smile   ○ Meditation

○ Kindliness   ○ Yoga

NEVER give UP

Money: ➕   ➖

- _____   • _____
- _____   • _____
- _____   • _____
- _____   • _____
- _____   • _____
- _____   • _____
- _____   • _____

Date: / /

Daily plan

My goals:

_____
_____
_____
_____
_____
_____
_____
_____

I am grateful for...

_____
_____
_____
_____
_____
_____
_____

Happiness:

○ Sport   ○ Hug

○ Smile   ○ Meditation

○ Kindliness   ○ Yoga

NEVER give UP

Money: ➕ ➖

- _____ • _____
- _____ • _____
- _____ • _____
- _____ • _____
- _____ • _____
- _____ • _____
- _____ • _____

Date: / /

Daily plan

My goals:

_____
_____
_____
_____
_____
_____
_____

I am grateful for...

_____
_____
_____
_____
_____
_____
_____

Happiness:

○ Sport   ○ Hug
○ Smile   ○ Meditation
○ Kindliness ○ Yoga

NEVER give UP

Money: ⊕   ⊖

• _____ • _____
• _____ • _____
• _____ • _____
• _____ • _____
• _____ • _____
• _____ • _____
• _____ • _____

Date: / /

Daily plan

My goals:

_____
_____
_____
_____
_____
_____
_____

I am grateful for...

_____
_____
_____
_____
_____
_____
_____

Happiness:

○ Sport   ○ Hug

○ Smile   ○ Meditation

○ Kindliness   ○ Yoga

NEVER give UP

Money: ➕   ➖

- • _____   • _____
- • _____   • _____
- • _____   • _____
- • _____   • _____
- • _____   • _____
- • _____   • _____
- • _____   • _____

Date: / /

Daily plan

My goals:

_____
_____
_____
_____
_____
_____
_____

I am grateful for...

_____
_____
_____
_____
_____
_____
_____

Happiness:

○ Sport   ○ Hug

○ Smile   ○ Meditation

○ Kindliness ○ Yoga

NEVER give UP

Money: ⊕   ⊖

- _____ • _____
- _____ • _____
- _____ • _____
- _____ • _____
- _____ • _____
- _____ • _____
- _____ • _____

Milton Keynes UK
Ingram Content Group UK Ltd.
UKHW021310031023
429868UK00023B/443